奎文萃珍

楚江蠡史

[清]嵇宗孟　撰
[清]顧豹文　李天馥　評

文物出版社

圖書在版編目（CIP）數據

楚江蠡史 / (清) 嵇宗孟撰 ; (清) 顧豹文, (清) 李天馥評. -- 北京 : 文物出版社, 2023.3
（奎文萃珍 / 鄧占平主編）
ISBN 978-7-5010-7482-2

Ⅰ. ①楚… Ⅱ. ①嵇… ②顧… ③李… Ⅲ. ①游記－中國－清代 Ⅳ. ①K928.9

中國版本圖書館CIP數據核字(2022)第048905號

奎文萃珍
楚江蠡史 〔清〕嵇宗孟 撰 〔清〕顧豹文 李天馥 評

主　　編：鄧占平
策　　劃：尚論聰　楊麗麗
責任編輯：李子裔
責任印製：王　芳

出版發行：文物出版社
社　　址：北京市東城區東直門内北小街2號樓
郵　　編：100007
網　　址：http://www.wenwu.com
經　　銷：新華書店
印　　刷：藝堂印刷（天津）有限公司
開　　本：710mm × 1000mm　1/16
印　　張：13.5
版　　次：2023年3月第1版
印　　次：2023年3月第1次印刷
書　　號：ISBN 978-7-5010-7482-2
定　　價：90.00圓

序　言

《楚江蠡史》，（清）嵇宗孟撰，（清）顧豹文、李天馥等評，清康熙十年（一六七一）立命堂刻本。

嵇宗孟，生卒年不詳，字子震，號淑子，又號髯道人，淮安（今屬江蘇淮安）人，嵇綱六世孫。嵇綱于弘治十五年（一五〇二）以舉人知潛縣，頗有賢名。嵇淑子由明入清，崇禎丙子（一六三六）舉人，官至杭州府、司理，後歸舉博學鴻詞科，辭疾。與顧炎武、吴偉業、應撝謙等交好。其人撰有《立命堂集》《立命堂二集》《楚江蠡史》《星路陽秋》《識小箋》《詩拇》《詩餘》等。部分著作見録于《四庫全書總目提要·集部》《倚聲初集》。嵇淑子常以李青蓮自比，有《西湖二首》詩入《西湖志纂》，詩云：『風雅最宜修禊酒，詩狂愛聽接與歌。』時人評價其詩作『絶倫超群』，『才高而膽壯，神清而韵逸』。其爲官事迹入（雍正）《浙江通志》，言其興修水利，重建學宫等事。

嵇淑子創作此書當因作者于康熙七年（一六六八）自江陵驛浮采石過太白酒樓，往返千餘里至湖北黄鶴樓重睹太白擱筆，觸景生情，遥想太白風采，多有詩作，皆舟次所著，彙輯成册，意为『蠡史傳信』，故名之曰《楚江蠡史》。是書體例爲一景一詩，并有配圖，所涉景物爲采石磯、江門、蕪關、魯港、螃蟹磯、三山港、舊縣等近三十處景點，詩題多變，風格亦多變，時排虚而仙，時冥寐而禪，時超舉而狂，俯仰古今，不屑一切，視天地如螺殼子大。疏狂之間，又可見一片濟世愛民熱腸之情。時人評價此作『聲情并雄，體簡衆美』，如《池州》一詩中寫到：『南窗得遂陶潛意，拄杖裁詩雲水邊。』所謂『于不經意中大有經意在』。

此書成稿之時，曾示于李天馥，李對其詩作評價頗高，謂其：『尺幅千里，詩復備極各體，擅長諸家山川禽卉無留奇焉。』『公之襟懷筆力縱横宕逸，矯然獨矣。』是書屬集部別集類，見録于（乾隆）《江南通志》、（嘉慶）《大清一統志》，清人秦瀛撰《乙未詞科録》《文獻徵存録》等。前有林嗣環序、李天馥序、朱在鎬序，書後有鹿城（今屬温州）鄭亦魯跋，頗多溢美之詞。有『長樂鄭振鐸西諦藏書』鈐印。

此据國家圖書館藏清康熙十年立命堂刻本影印。

中國國家圖書館　張偉麗

二〇二二年十月

題辭

余讀淑子先生蠡史與自撰序畧而知淑子直欲以青蓮自儆夫青蓮固賀鑑湖所稱為謫

僊人而畢文閣以王佐期之者
也澥子文章吏治非儒循二傳
所能槩顧其雄節壯畧籠罩
靡前有墓於瓊樓西字中人

者何也豈以儒爲樂歟羲師初
之犯玉林曰今人言仙過高以爲
仙嘗在雲霄風日之外凡霞處
服用翫好之物了了俱嘗窮奢

極靡無生便將相所未有而後
為貴不知非結也摟古圖畫所載
仙人率蓬頭垢面敝衣惡食藿
埃市井吁跡初之言仙者如此而

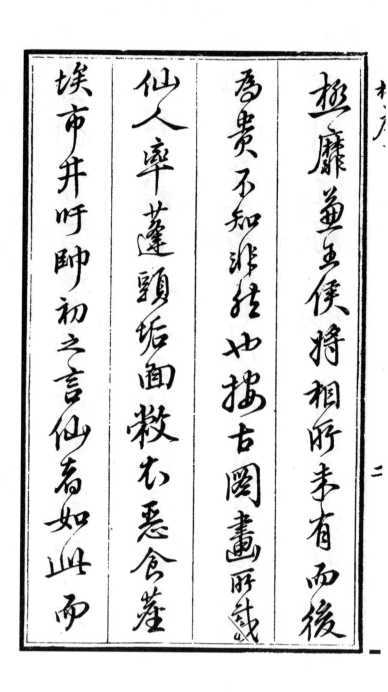

余亦嘗謂儒蓋涵負經濟不得
已而為學之必數經磋磨危嶮
而肥鈍而千金方渡云列僊多
奇猷錄行武捷才而筆不一遂

乃一決而就以真結改之忠孝

子應數千百年猶在金房石函

間沛子益謂是訣沛子自序左拍

右揖皆青蓮妙經青蓮之意今

即以青蓮墓誌觀〻既洒非嗜
其酣樂取其昏以自富作詩非
事於文律取其吟以自適好神
僊非慕其輕舉將以不可求〻

事敘之繇則青蓮一生未嘗有酌豢富貴之一日也湖子將奉同湖子廿年前即刻有騷皆詩梅是謂陽秋為紀遊日曆哉曰湖子

好事不知遊子胸中有丘陵不可
磨滅之氣托於遊以自遣遂乃沉
涵史籍悉情山水之齊魯燕
趙之地拍浮三湘七澤之區其所

是大都人物禽魚川谷與世間可驚可愕之狀一一皆達之於詩於記譚友夏贊為孫悵天下者知言哉夫人不可無德則御而

訴々於天又不可問則香々霄々

尚友於神仙此青蓮先生之志而

凡曠世相感於青蓮者有同情

也湖子嘗自號為稱道人之志

莫不以藉藉呼之言其絕倫超羣

也今所官之地又與蘇藉後先蘇

藉亦稱傑者矣士君子生而致身

遂志分重憂振國恤以視夫鷮

息齋戲塊往獨存者苦樂飄多
蘊藉再了生亦是碩豪富貴中人
手嗚呼亡矣可作也其以吾文
示之哉當在亦櫚三絃二煙霞雲

樹中相與從明而舒嘯也夫

康熙辛亥季春晉江同學弟

林嗣環題於西湖之白鷺

鄉

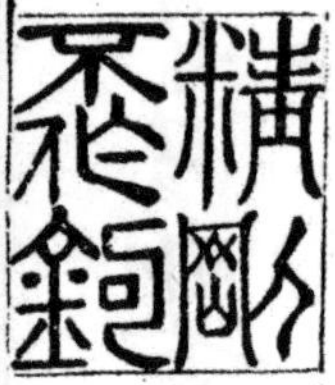

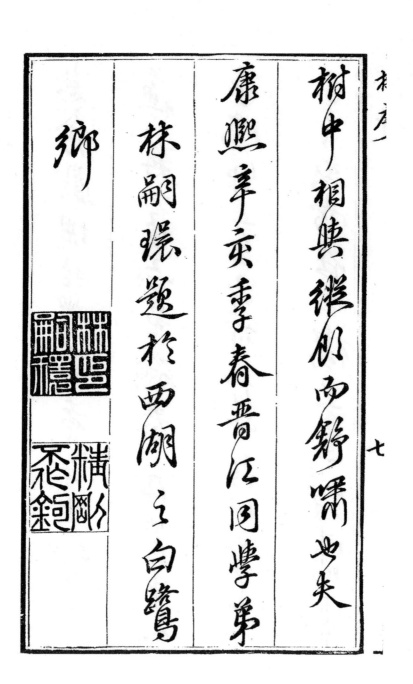

序

曩余遊廬山自金陵過皖上閱十有三日遂走東西林得詩五十二首序一首小紀八首以歸七載矣無人以遊傳者庚戌秋艤舟湖上値髯之洲子初

守杭乃見論詩意頗合促談歡甚酒
既酣出所為蠡史一冊示余皆江行近
作也余即席讀讀不忍釋手袖而登
肩輿且行且讀寓可五六里許不知
其忽已到也急燃脂畢之於是嘆雄

才之不可方物矣其記有似昌黎者柳州者廬陵者而似柳州者為多抑揚曲變尺幅千里詩復備極各體擅長諸家山川禽卉無留奇焉以較余向之江行諸作實有小巫之慚矣士君子

一入仕途奔馳王事簿牘拮据以勞

廑賞常也孰如公之襟懷筆力縱橫

宕逸矯拔獨美絕無纖塵哉遊而

能繪而能記而能詩擅公一人耳

同學弟李天馥拜題

李天馥

湘北

序

曩余客永嘉續髯公先生既泉行田記弁以一言秘為談助後五載至湖上相勞苦外郎

亦楚江蠡史一册余口誦手抄竟忘其為旅人為羈累也先生振奇人又挾江山之助筆筆波折句字之烘染肩視同人

帝京景畧若季重浡喚直
僕命之詩則聲情並雄體
兼衆美因自嘆才之相去不
止上下床也客歲余以大雪

中登岱山之巔剛風威寒
目眦盡裂雪霽循山而東
謁孔林上闕里千里一色身
在玉壺中野井皆冰路鮮

行跡僕馬噤不發聲而余作
為歌詩終不淂奇何則大山
大水既已目懾之我之孤情單
緒不能入乎其中而冐乎其

上短歌微吟形似而已何則其
氣奪也孰若先生之浩焉落
焉芳鮮則沐紫送青奧古
則汲冢魯壁自為起止不為

氣象所撼悚乎其有餘也然
後知先生之卞之過人也遠矣
滄城同學朱在鎬拜題

蠡史序畧

歲在戊申夏四月余自江陵驛浮采石過太白酒樓歷千七百里達鄂渚登黃鶴樓再覩太白閣筆處杭吳梯楚每艤舟地首繪圖次編記殿以詩

歌左拍右揖皆太白者以山水道路無文章則山無嵐水無波道路無烟樹始終太白先生之意所以嵐之波之烟樹之皆以先生為政耳若夫九華匡廬大有佳處先生過從余帆檣

所不及者皆闕焉不記名曰蠡史傳
信也
黃鶴舟次宗孟湯述

楚江蠡史

西泠且菴顧豹文評
朝霞湘北李天馥
鹿城亦魯鄭應曾較
淮東淑子嵇宗孟著

采石磯

金陵西三十里江陵鎮又六十里江心大洲洲

東一峰崒地巨石嶙峋煙雲晝黑詢之長年曰
采石磯舊傳青蓮捉月處同舟卜子潛菴豪於
酒擬拏裳登磯問李先生無恙頃風駛洲隔登
未果乃呼大斗子兩人望而弔之併以醉先生
云

神龍不易測晦跡即真僊欲殺寧違衆憐才
獨有天青山標亮節白酒酹遺顛始信騎鯨

意居然市上眠

說到仙天不刋語也太白知己　湘北

欲殺二語可補太白墓誌所未及　亦魯

字字驚立覺松際微月淸光爲君語猶平稱

且菴

彩石

天門

峰騰江上翅立兩界鬱然巍然旭旭然謂天門云一西梁山一博望山博望逞弁江東青來未了送目而已舟次西岸去梁儘數里夙雨苔滑屐齒倨甚蹣跚而返山蹐和州地西采磯四十里村墟連邐估船縉車烟火環集蓋亦江界大湊也

江上兩峰相對語一波萬古隨來去孫曹人
物盡蟲沙晉魏功名亦鷗虎如此清江如此
山銷除戰壘自等閑宮袍斗酒半船月不負
才人天地間
從古英雄竭蹶經營止供才人一標舉耳故
曰我與我周旋久寧作我 湘北
太白有咏天門詩以兩岸青山孤舟一片之

句盡之先生俯仰情深可與宮袍斗酒同作才人不負矣若靈運自謂天才一石我得幾斗未免誕妄宜遠公惡其心雜也 亦魯

天地負才人乎才人自不負天地耳與亡何限而山川自在讀此慨然 次寅

天門

蕪關

蕪關古鳩兹地下金陵二百里九省津要設關榷征以大江爲市船人南北必市酒酒譌吳三白名而風味季之蓋直賤易售揆之物理人事大較然也白香山詩務令老嫗上口其蕪酒意乎關之濱有浮圖久圮是歲蕪文學併力謀更新焉余賑諸手民於故塔旁別置木圍高下式

如塔運木石捷甚予顧謂兒子曰巧匠不示人以樸明有則也子向學如是思過半矣紀綱云道左有嶽廟百貨懋遷粥於日中儼燕之廟市云游人士肩轂鱗集亡倦日余以理榜亟惜未及見耳

大江有孤客流水忘長夜梯航一都會鄉語半天下市酒醉春僧船入試浪馬駕言訪蟆

蟣驚風戒四野

口頭語人却說不來一經說出便成奇句工部毋有此法 湘北

廬陵記喜雨亭記也而賦坡公賦赤壁賦也而記皆極文章之妙得此可以並傳 亦魯

飽歷蓬窓津市始知詩句之工 且菴

曾港

蕪關十里曰曾港古曾仲明舊居地江郭人稀漁火青出泊船斥堠下茆屋幽敞解衣沐浴殊覺襟期暢聳意思濯濯

風吹天上乘槎客闌入江頭高士村濯罷冰
壺同月坐不知今夜到崑崙

一經指點便成佳境然正從佳士得來　湘北

詹港

螃蟹磯

螃蟹磯離會港十里許橫卧江東石礩水激榜人仇之目若望羊拜磯不即渡再拜磯磯馴曰渡矣

歌曰郭索郭索馮流而攫不筐廼仁而戟廼虐吾將醉爾以斗酒坦坦施施訪謫僊於蛾眉之高閣采石有蛾眉亭

小景耳寄託遥深非全浮狂肆口大言者湘北

秦碑漢碣蚪篆蝌文李陽冰應坐卧其下亦魯

造語雋妙幾欲餦餭此磯持螯而飲且菴

山水有幸有不幸雁宕至奇而不爲康樂所知此磯何其幸也次寅

拜磯磯馴磯亦可以恭敬感乎呂梁之水千仞一丈夫以忠信格之正同此意得此意涉

世太行孟門平坦如砥亦曾又許
太真以然犀燭牛渚令赤衣黃馬輩啾唧不
寧蠏神物乎宜其再拜而馴也趙青門

螃蠏磯

三山港

昂焉翔翼焉立胥焉隱暐焉集蒼蒼浩浩如歌如笑莽筤之中三峯迤抱倚檣寄目曰此大可入則三山港也遠氣雄近氣細若有人焉烏足以知之

曾聞海上三神山青鳥白雲日往還上有珊瑚百尺拂烟霧下有驪珠徑寸烘人顏洪崖

拍手揖浮伯高枕石頭白晝閑噫吁戲風塵
僕僕官廐馬每憾買山青銅慳誰知幽巘擕
江裔香翠橫吹道路間崆峒西望不可即泰
華東去誰躋攀我願好隨珠樹鶴采芝莫待
鬢痕斑
序自太史公如烟非烟如雲非雲語勢得來
七古排蕩不測呼吸風雲浮沉宇宙想見其

清襟酬對時 且菴

寫到驚心駭目便有一種神閒志動處正因胷具不凡 湘北

遠氣雄近氣細雄可知也細不可知 亦魯

雄與細雖生於遠近之間但過者未必解耳

詩情浩渺大似拾遺洪崖之作 次寅

三山港

舊縣

三山港二十里舊縣孤塔夌虛烟樹巿之窈窕冲融天然高房山得意筆也塔下有閣曰廻龍謂江水廻於此焉山麓有寺寺楔書青峰別墅疑爲謝眺青山言也寺南門巷星橫箐楓雲蔭雞犬閑閑岸上稚子羣坐把釣於蘆花深處以不得魚爲姗笑予曰此所謂舊縣也桃源武陵

詎謂不在人間世哉

山縣何時舊江花逐日新雞豚渾太古門巷有閑人芳草香三徑黃鸝春一身此中無謝眺得句少扶輪

佳景佳句却從靜會得來又妙在自然 湘北

序景似柳咏景似陶 亦魯

不曰得魚爲笑而曰不得爲姍笑固自妙 湘北

北又評

桃源隨地自有不必武陵始可問津也但茫茫人世豈易遇耶　次寅

舊縣

坂子磯

去舊縣十五里謂坂子磯磯下積石粼粼觚稜似削兩峯對瞰江滸中流一綫東偏巃嵸甃互雜樹鄣雲不復有山小鳥弄聲樹間鼓吹殊俗西偏坂磯江水四維鮮雲覆之僧屋隱見土人指爲觀音菴磯左右網船畢集漁家子婦望水而獵盎佈轂鳴鰣魚行江船稔此謡謂之鰣魚

鳥一聞其聲而競捕之云

入艷鰣魚鱗不知佈穀舌佈穀舌未吐鰣魚鱗不出然則魚民者佈穀左右列我願寶山蔬擊鮮非所悅立解豫且網投諸蛟龍窟佈穀敬受命從此捫吾舌

風土記中似箴似謔借魚說法若撇却鰣魚又鈍漢矣 湘北

布穀解嘲農家苦耳乃溲魚信耶詩以切直
彌見精卓杜和元云參錯爲方伯天下吐氣
益信此語不誣 且菴
拈捕魚作絕大公案一片婆心和盤托出坡
公云我與何曾同一飽爲人何必食雞豚古
今才人多具佛性 亦魯

板子磯

荻港

荻巷塹於江一險介云船行港五十里始至荻滙入大江江水支流東迤緯以石梁梁三門荻人負梁對居崇樓豐屋連甍比棟時有飲馬梁下者詢之爲守禦帳下物郅隆之代不弛武備曾是水弱而可狎乎哉

荻之水以佃以漁江無駭士有那其居荻之

馬飯於桃林王路蕩蕩公侯臥吟井焉廬焉
荻人廪焉山川遥峻鼓腹高天
嘗誦醉翁琴詞泠然善也于此亦然 湘北
山川遥峻鼓腹高天即此便似桃源矣序云
郅隆之代不弛武備亦恃此而無恐也於此
可思 次寅
似陶靖節桃源記雞犬桑麻村墟籬落宛然

如畫又似胡寬作新豐閭巷阡巷井井可觀

詩補入三百篇不知秦漢何論晉魏亦曾

八仙洞

將至銅陵北三里羣峰兒立一峰頤如麓多竇參之伍之曰方曰側遠睨碣石上苔纍纍縵漶頳也白也六駮也古孱雷蝙蝠僵帖也曰八仙洞船人謂洞幽曼行可十里餘有仙蹟焉予以風駛疾布帆直下瀏覽未及異日者仙契可期遲我白雲當以古蝙蝠爲祇候

石紫藤兮花碧霧雲九霄兮鶴何處泛泛木蘭兮不忍去

緜不累理儁不傷神可想其一往情韻（湘北）

三食神僊字胷次超逸乃爾惟具此胷次方可遊仙（亦魯）

讀此作如見紫藤碧霧九霄雲鶴洞以公傳矣（次寅）

幽曼行可十里餘此中大有人在先生神骨
非凡仙契可期豈欺我耶太白云吾希風廣
成蕩漾浮世素受寶訣爲三十六帝之外臣
又云我來逢真人授以鍊丹說可知遊仙之
事多屬才人亦曾又評

八仙洞

史

銅陵

銅陵一丸磐於山江水澹蕩疊嶂巑岏志所謂五松天門湫焉何之烟雨中髣髴九華數點青耳

怪石翻濤屋輕舟趁晚風東江留我輩南紀溯神功雲護僧田綠花飛山縣紅十年銷劍器城關有安鴻

高世自負中有與世同熙意 湘北

東江二語比之江山勝跡我輩登臨銖兩過之使君定于此處不凡 且菴

九華以金地藏傳凡蠟屐籃輿鮮有識此山真面目者先生帆檣從江上過九華數點青自遠近煙雨中得之此真善看山者昔人看匡廬正不在山中亦此意 亦魯

舟行於佳境將近未近之間恍有神會烟雨
中髣髴數點青遂移我情也 次寅

桐陵

池州

秋浦今池郡郡治山中船艤江小港去郡五里暮烟微綠浮圖屹立天半十里外望之絕頂影微動疑飛雲出洞戸再近則猿鳥也又近始見人行舟泊探之云一二趫捷子捕鸜鵒於上上險仄無歩立處又經火尾石焦朽雨甫止垢滑以鳥易命不愚則顛殊可嘆也噫天下之餤名

如餅趨利如鶩者促訾粟斯不遺一策何啻馮
高險探㲉子又烏知辱泥涂墮九淵也
九子山頭九朵蓮一花葉上一金仙飛泉日
送僧厨雨深柳春眠香估船地僻高原看戲
馬江清古驛獨聞鵓南牕得遂陶潛意拄杖
裁詩雲水邊
于入不經意中大有經意在詩之清新勝妙

題摩詰山居諸篇　湘北

借遁捷子捕鸜鴒爲世界餓名趨利輩作總
妙指點高禪說法多從極麤淺處指示正同
此意子雲曰不知一跌將赤族也可作孱泥
涂墮九淵二句註疏　亦會

太子磯

太子磯去秋浦五十里傑立江心風猛波黑千里吞沒凝然不動磯上一棟碧峙人影依稀下橫小石髻如僵如顚如蹬如弭如踧如纍纍如姁姁如舟房呼酒澆之留數語別去

磯而磯而余將攜而與江上之金山左沃焦而右俍石共佐胥公之搉案圖混沌而狀神

鰲而

序妙得序之妙而益見詞之翩翩直上也 湘北

奇石怪形蠕蠕生動令米海嶽見之粒粒皆

可下拜詞之高古直逼石鼓文岣嶁篆 亦魯

刻畫精動絕類漆園齊物天籟等言 且菴

水經無此傑語相應讓我髯公耳 夾寅

筆意全本南華短仄之句嶮岈難讀於記序

中另闢境界蘇公所云長峰參天蒼壁插水
猛獸奇鬼森然搏人是也亦曾又許

太子磯

安慶

安慶古皖國皖北浮圖矗天市陌朦朧烟雲萬
堵爲吳楚江豫控扼之地舟行西岸倚檣遥覽
鬱鬱鱗鱗風氣遒渾城下波濤鞺鞳高雪粘天
江東無我誰爲副之

江表雄圖古晉州舳艫千里蔽天浮坐銷湖
海盃常滿戰勝淮淝局未周公瑾才名同弱

草仲謀伯業侶輕鷗二喬獨卧行人口一代
君臣讓女流
工部咏劍門却議論到三皇五帝正見大方
手眼　湘北
有橫厲九州之槩若云固當生一伯符山川
有靈未免見笑矣　且菴
歷落嶔崎悲歌憑弔何減阮嗣宗登廣武暨

子成名之嘆亦魯
伯符與公瑾曰喬公二女雖流離得吾二人
亦足相配孟德徒費遙思也八十一萬水軍
安在哉頓挫抑揚殊有深意次寅

安慶

馬當山

去皖一百五十里曰馬當山山邐江骨瞑霧郛空勢如聛聣石周遭壁立江水灝瀚東下望洋吽絕山以猛力堵之如鐵騎排雲水勢小撼曰馬當不誣陸魯望銘云天下之險在山曰太行在水曰呂梁合二險而爲一吾又聞乎馬當舟經此擬一扣山靈吐胸中磊氣而風伯趣程濵

西直下儘推蓬窓一縱目焉深嵐積翠水平如
鏡始嘆天下之至險卽天下之至平山靈固佞
子哉

西極之山青天高芙蓉路滑飛銀濤嶓冢絪
縕岷山邃洞庭彭蠡何軒豪砰礚澎湃數千
里九江森列如兒曹陸海張騰魚柏鬱猛虎
不敢卧蓬蒿小姑作書致夸父波心浴鐵鑄

神皋怒浪排空犇萬馬巨靈一擘控其尻屈
奇儻放地維固雲霄者立擁大旆東下石城
西鄂渚安瀾今古頌金鰲馬當雄絕匡廬秀
江上羣峯一羽毫
瑰麗奇闢復得一氣渾成似刻意百鍊又非
徒以刻意得之者信有神也 湘北
古色嶙峋奇氣磅礴子美夔州詩坡公海外

文無一字猶人 亦魯

至險即至平與天意存傾覆神功接混茫極

合歌行健挺如風帆上下角勝於浩瀚之間

丑菴

天下之至平即天下之至險是見道語即是

能游刃盤錯處 湘北

馬當爲天下之至險公逢窯縱目水平如鏡

昌黎開衡山之雲公靜馬當之波可以並傳

次寅

馬當昔爲王子安泊舟處距南昌七百里得

神人之助達旦遂抵援筆作賦膾炙千古先

生才過子安水平如鏡豈非波神効靈而然

亦魯又評

馬當山

艷史

圖

小孤山

大江漭瀁飛浪拍天巋然莊坐於中流者曰小孤山山去馬當三十里未至馬當見之則浮圖云越馬當始見怪雪四圍地垠斗絶一木亡青謂小孤濯濯峻謝世人如是哉既至山踰南望小有天乃知有洞洞口小艓殷紅樹文如織拾級可數仰覗絶頂山尾微露篆烟雲細則神女

廟也一山異狀觀者幻惑自南觀之葱蒨嵌空
複岡邃逕詭然龍翔蔚然虎躍如擁大將之旗
如卧神女之槎自北觀之杖天而起骨竦神凉
荒荒白白如層冰膠山如饑鶴摩海如萬丈芙
蓉負霜獨聳如冠劍大臣秉笏儼立洵乎飛僊
之輿府金姥之神臯也

銘曰蕩蕩天吴馮虛飛柱元化鴻苞黃中閟

巵周遭齟齬月三雪五（北望孤山蹬如積雪）僧烏梯翔洞開陽塢絕巘巢雲翠柯緋宇神女斯徠龍鼉負弩大孤右襄九川如組滔滔南國綱維萬古

山水清緣多屬高人僊吏蹈虛入冥者得之小孤自此不孤矣銘古而雋似商彝周鼎又似汲冢竹書 亦曾

酈道元有其俊爽無其雄奇斯真足當小孤
矣非善畫者不能圖信哉　且菴

記中骨竦神凉四字可作孤山小景銘語絕
類三墳　湘北

二孤峙於江中俗訛爲姑故有大姑小姑嫁
彭郎之謠則褻神女何甚也觀山自有異狀
拾遺云倏忽東西無不可則庶近之讀序與

銘憾不從公杖履其間至骨深力厚恐千古
可匹者少也　次寅
小孤此銘與太白天門之銘筆力同一雄古
太白云齊梁以來艷薄斯極沈休文又尚以
聲律將復古道非我而誰觀此則太白與先
生之志皆可見矣　亦魯又評

小孤山

九江

彭澤迄九江一百四十餘里余與客舫牖手譚一局未竟簾影參差髣髴見岸上字凹烟光萬里詢之知爲望江樓九江北界也俄頃抵榷關矣長風破浪胸睟空濶殊覺神聳第恐柴桑君聞之未免掩口葫蘆耳是晚蕩潯湖紀以詩

潯湖行

湓城高浪疾如駛船入畫夢酣秋水夕陽細草愛新晴一艓雙飛鏡湖裏亂石周遭花覆堦荒庭雨膩烟光紫鵁鶄鸂鶒恣傲游大魚拍空戲龍子樹色朦朧庾亮樓琵琶撾斷江州字唯有匡廬萬古青髣髴石梁媚我趾不須拄杖最高峯一一山僧爲屈指溯洄遍歷湖水涯夜擊空明發深喜有客請爲斗酒謀

子樂在此不在彼洞庭千里騁橫波舟子齣齬面生泚淼淼彭蠡寫大江三日風行一日耳何如磅礴潯陽湖肝脾清絕無渣滓大呼李白與陶潛看余題詩喚月起

江山排蕩處亦須得人之精神充溢乃有氣色子美所言發興自我輩也若爲江山幸自待處正可想見　湘北

七言古老氣雄渾雜之少陵集中淄澠不辨

李長吉樊宗師雖極意譎僻畢竟侏儒觀場

瞠乎後矣 亦曾

過溽陽者未免多牽引香山公乃關情元亮

而兼憶太白其識高人幾等矣題詩時二公

神靈自彷彿左右也詩如工部岳麓道林二

寺行而秀發過之 次寅

五老峯爲太白結廬之所九曲池爲元亮觴
咏之區先生帆檣所過神往二公何等超越
倘遇東林惠遠定當把臂入社虎溪橋畔三
笑亭前又添一先生矣 亦魯又評

九江

田家鎮

九江八十里龍坪再三十里武穴穴亦墟落也又六十里田家鎮客舟至鎮必酹神始行市多竹器香艾未至鎮時舟泛大江羣鴉若導之行者船人謂之神鴉乞食抵鎮鴉益衆環繞蓬帆飛鳴不已船人摶飯投之一一噉盡始去予江行二千里鴉兩見小孤山鴉不啻萬羽站站江

心以漁爲糧與人遠從舟中遥瞰則陣陣黑蝴蝶蹁躚江上耳鎮鴉與人狎餉於人鴉其客而船主之故主不厭客人不厭鴉船未至鎮先戒厨以飯鴉或曰鎮隷蘄舊吳王地鴉爲王將故船人飼鴉如將謂之神鴉有以云

一似饑驅者翻爲着翅人廿分雲子白香啄

野菰新計日裹糧久因風將毋頻還知三而

意不教客迷津

詩料貴于善掇拾尤妙于善穩貼也可爲善收善吐 湘北

比喻高脱不爲六朝形似語崆峒庶幾能之蓋得壯雄故也 且菴

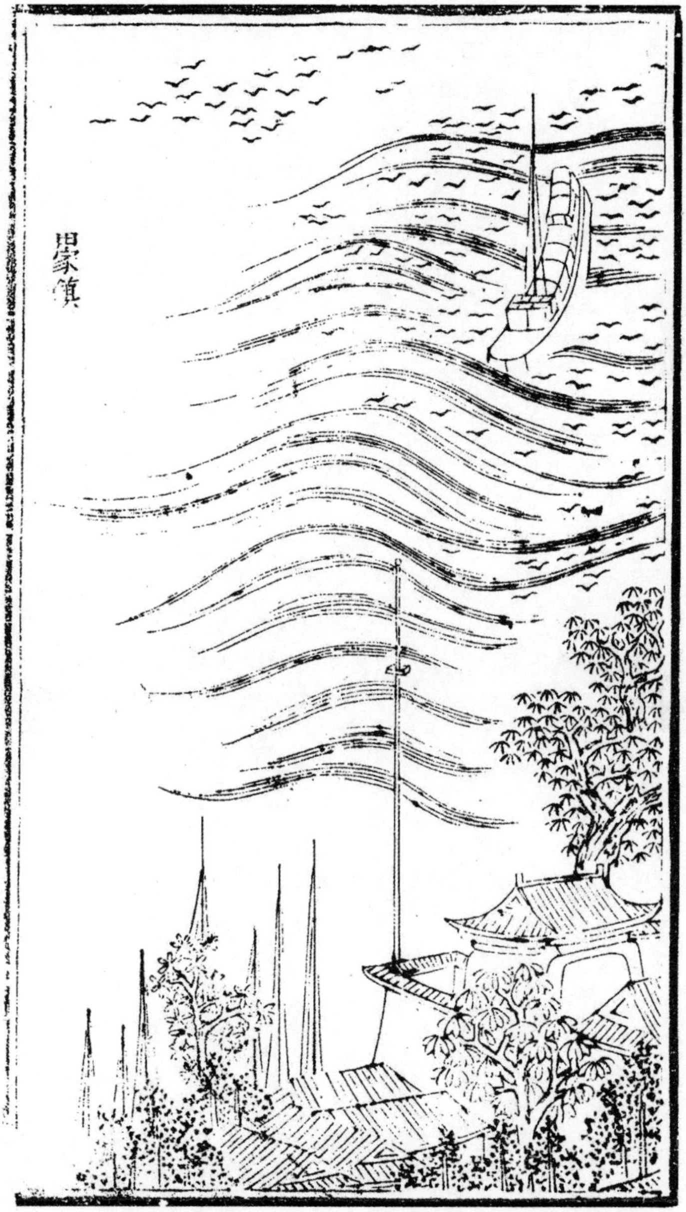

道士洑

去蘄六十里曰道士洑攷楚小志洑石壁絶奇類峽心嚮往焉江行千里采石奇舟循北下耳奇目未及之小孤一奇風輔行如馳奇於目身未及之戒船子曰踰蘄達洑不風洑止風亦洑止余將揖道士而問奇焉五夏朔三日侵曉雨濯夢放舟至洑雨不止驚濤浴日遠霧幕天自

謂艤舟作卧游耳少選雨霽爰駕輕刀偕潛菴諸子訪所謂道士洑者江性縱有往無復至洑山陡立鼇負鯨犇一氣猛黑水方驟而山阜之江一頓往者復以此名洑客曰奇哉余曰未也溯流而上山從上看襹褷蓊薆樹疑天生不山生也自下看山矗矗鱗鱗雲疑無樹樹疑無山蕩舟咫尺始見山麓石繡錯具體各異佳者位

置天然如金谷臺榭中物奇巳曰未也灊菴仰
眺高青斗懸蛇折知有逕曰此必有異舟泊石
罅外拉余同步歷磴而上苔没屐小却未半里
一亭憩焉亭上高青四帀一色不知有路猶山
下望樹萬千同碧山在碧中無山亭亦自失到
亭後知山上有亭由亭而上併知亭上有觀曰
報恩觀坐牕簷橫堦不數武繚以石欄儘尺許

半淪地中略數百年僧人以甕豢朱魚旭旭可愛觀置山上山下大江萬丈江外湖光犇寫如雷大都俱爲樹色醲陰一派較斷階旁卧小碑字畫未漶漫拭覽之爲茅伯符詩詩咏觀中景僧白余近鄧太史趙中秘各和章留觀中余同潛菴索讀之山水清音無慚康樂弟於中秘有人琴之感凄然久之移時步觀後從石竇中見

巖上勒三大字云西塞山方知康樂所咏即此山捫蘿復上又一閣飈鼠據之失其名乃下再踏前徑往來竹柏中嵐翠娟娟戀人衣裾小鳥截上截下五色交輝清音睦耳澹菴快甚謂余曰昔人云天下名山未能看盡但不放過耳自有西塞來不放過者惟余兩人余曰然否否以此看西塞不謂之放過不得也西塞今名道士

洑看洑不謂得西塞然則塞之所未及與洑之所未及溢余看者必賒天下見山不看者幾人天下真能看山者幾人咄咄山靈每以虛名犇走天下屐輛試問鷗邊沙際會心何處唯蒙然張口而已如此者謂以耳看山游趣一往濟勝無具鳥路猿梯天門風洞所之易倦覿面失之如此者謂以足看山飛蓋馳驄酒入浪士攜紅

友陟高岡列芳蔬觴流泉喝月同醉倒山作罇
如此者謂以口腹看山希蹤曩哲曠覽前言讀
苔痕之綠字方擬扶笻玩句裏之青山更思裹
飯如此者謂以碑板壁粉看山披翠微躡鵠苑
攀丹巘扣兜闕緇衣白足騰說紛紜羽扇黃冠
謬爲恭敬野籬開未見之花小鳥媚初來之客
如此者謂以鐘磬花鳥看山令之取笑名山者

皆喜看名山之人吾輩雖偶爾寄目無資山笑
於是下山理短棹循麓以進少西大石六駁或
俯或仰藤絲蘿幌中窾然虛白詢諸船人云張
仙洞仙謂志和所稱烟波釣叟者嘗題詩有西
塞山前白鷺飛桃花流水鱖魚肥後人因詩遂
以洞顏之惜咋咢嵩師鄭於佈肘未遑一踏洞
口雲耳又西飛璧者峙赭者黝者皐紇者闇昒

者煜煜玢玢者傴僂比屬者牛羊下飲者鶩烏
疾騖者萬馬鐵立者九天之雲下垂者神魚之
鬐直奮者臥者側者覗者蹲者髡者髫者趯者
蹶者俟者枝梧者撫掌欲言者倚舷仰看叫奇
不已衝波益上迤西而南心宕魄悸劃天爲眉
截江如髮展混沌之圖鬼神私泣建蛟龍之纛
湖海同愁大江自岷山西來數千里洸瀁儻放

騰雪掀突山川之奇踰夔峽而東郴衡湘夢奮
越巳多天亦懼之防其易盡而以一西塞收之
尼大江作屏案閒物祟閎險削爲古今絶艷罙
恩故令觀者刻畫仿摹無一是處曰磯曰沚曰
洲曰港曰洋曰峋曰嶼一一皆屏案外點綴具
耳余乃拍掌大叫奇絶奇絶濤勇水烈激射千
仞雨霪霪下船盎大余瀏覽正挚舟子以奇險

不能久立沿壁東轉停橈高柳下得小徑徑旁
偉石獸踞饒洞子題曰虎豹闗余振衣坐石上
呼巨觥醉之江山色王覺西塞靈奇瑰傑之氣
悉浮杯中作下酒物囘步龍窟寺以詩紀之爲
語濳菴異日過小孤采石看山之法一準於此
勿僅作壁上觀也

到此叫奇絶翻疑星渚浮白雲隨鳥渡赤日

抱江流壁立千峯古僧歸一徑幽樵青如可
問蚱蜢暫淹留
一碧天無際百端我始愁樹深時嘯鶻浪猛
日沉牛絶頂雲霞幻上方鐘磬幽何當垂半
緡江漢老漁舟
石鐘山記云士大夫不肯以小舟夜泊絶壁
之下故莫能知而漁工水師知而莫能言故

莫能傳其妙也道士洑今開生面矣看山數種說法正非爲俗子道余將鐫作名山語錄云前既摹擬極致不煩更作鋪張句詩有渾渾淪淪包涵極目之概最高古最深長湘北

俗兒看山追欲歸又有一輩漫無可否人遇山水輒言佳者此亦山水鄉愿讀此知天地間何多鄉愿也豈不姗笑山靈記傳詩傳道

士洑亦傳 亦魯

亦不止看山法凡收入視聽者皆可以此推之當另摘入遊笈時一展對以開懷抱 且菴

發論旣高驅詞復麗 湘北又評

嘗讀陶峴西塞山下廻舟詩曰匡廬舊業是誰主吳越新居安此生白髮數莖歸未得青山一望計還成鴉翻楓葉夕陽動鷺立蘆花

秋水明從此捨舟何所詣酒旗歌扇正相迎
蓋峴客廣州有貽以劍一環一幷胡奴一奴
能泅水峴一日至西塞山見江水黑而不流
即以環劍投焉令奴取之奴久之不起後忽
躍出云有龍在前不可取峴云汝三物俱來
若亡環劍何須汝矣奴不得已復入卒爲龍
所沒故有此詩蓋斯地信奇絕也公詩奇於

峴人奇於峴龍自畏之卽公戒舟子不風洑
止風亦洑止與遂奇矣與廻舟者大相異也
至論看山盡古今可笑之致一序之工無論
山川爲之生色其中何所不有也西塞雖奇
得公之文而奇始傳矣次寅
數種看山正爲靈運許渾輩說法所謂取笑
名山者皆喜看山之人也若盧敖生嘗谷之

驚王元仲舉烟爲信韓昌黎慟哭縋書豈足
與語看山憾其不讀此耳太白題匡廬云與
君再會不敢寒盟翠崖丹壑神或鑒我如此
看山真先生知已 亦魯又評

道士洑

巴河

將至黃州四十里曰巴河襟江而波船入便之亦曰巴江巴蒔芙蕖極盛家粥藕粉廉於直岸東有閣三層曰太乙前臨大江陂池方塘瀠洄九曲後負峰巒縵青疊紫如羣星之繞銀漢詢之僧云巴爲姚相國故里風氣鬱鬱想見先臣喬木云余與濬菴各留詩二章別去

高閣憑空瞰大江天花隨雨下飛幢指揮魚

鳥入千里消受湖山風半窓喬木荒祠鐘寂

寂夕陽畫艇影雙雙泛蒲恰好登臨日爛醉

從君倒玉缸

雲抱青山水抱江泊船孤閣接香幢入從太

乙分藜火雨下巴河打客窓赤壁漫游還有

約黄樓得句自無雙堪憐正則空荆楚獨醒

何如花撲缸
余泊巴河見水光淡蕩人居歷落一幅畫圖也詩可入畫兼如繪水有聲矣湘北
縱橫於法而嚴如法誦雨下巴河之句如接悄然孤聽之時 律詩須有精湛之句形于筆墨于使君諸作可悟且菴

巴河

青螺戲蚌石

下三江口九十里曰陽邏雲木青藹傍山而家邏北大石翔起如人攫罝路左趺可觴可枕可石東寫水淺不數武又有石卓立深水中脊伏而首昂若顧盼然下帀小石作舐犢狀邏人曰此青螺戲蚌石也余同瀶菴子艤舟邏岸三更月出爲蕩小槳觴石上江平如硯水波響答各

浮三大白吟小詩紀之既而復舉一白試問蘇家大見在黃州時消受此否大笑大笑

蝸牛智周身白日老枯壁陽鱎娱潦波悔不遠竿篷何如螺蚌閑中流忘饑愁徘徊良浩嘆水石清歷歷

眼前景色便有許多說法真乃小中見大 湘北

坡公客黃五年日遊武昌寒溪未知此石也

此石爲公所詠亦當以太白沃之 夊寅

趺可觴可枕可此石得先生足稱知已矣何

必虎丘千人韓陵一片乃足傳耶 亦魯

青螺戲蚌

黃州

赤壁去黃州城西不二里㟝嶁耳石蹶江而邑赭堵立如削或曰赤鼻也嘉魚爲古赤壁未知孰據　壁後有堂三棟祀坡公小像旁勒公大江東去詞下有石亭亭下水泓然立一碣云毛寶放龜處亦好事者爲之蹤跡爾壁水蒼蒼山風寒袂不敢久立爲索管城和坡公詞而入舟

東吳西魏嘆雄圖不抵酒杯中物艫舳遮天
一炬後羞赤江山半壁阿瞞如鬼周郎妙算
幽憾憑誰雪唯留坡老兩賦推倒豪傑　試
看今古騷壇何人不健美英辭飈發城郭雖
非五百年石上龍蛇難滅杖策徘徊風前幾
輛屐踏穿苔髮蘇狂嵇嬾知心同此明月念奴
嬌次坡
公韻

掀舉豪暢更爲前人下轉語坡老當亦解頤
湘北

高情逸韻俯仰古今狂態轉劇想見落筆與
酣搖五嶽詩成笑傲凌滄洲令蘇髯見之應
捉臂大噱 亦曾

意動筆健不入辛陸諸公濫觴直可與子瞻
一篇並烈即前後二賦可废閣不讀 且菴

黄州

漢口

漢口蓋漢陽古却月城云陽邏西六十里烟火萬家日中爲市紀貿遷檀黎釜簟曰粵蓮附衫衻曰蜀雞蓰馬金囊鉛綦普蕣曰滇坐乘皮鬆曰水西嗗嚕鷚鵡曰秦錦綈吳越絺綌祁黃黑金輿冶鹺醪江淮而光汝襄樊蓽輅牛車日如鶩粢甲貨黍乙貨稻粟丁貨大豆巳貨赤豆丙

貨菓核辛貨穡蔬庚貨率大奏於漢一都會也編市五仁之禮之義之智之信之闠師黨正颯颯然敦古處哉市背湖謂月湖有曰張謂送李白處即郎官湖也或曰不然湖跗大別而項東規半月前志郡郭却月城湖而月之猶城之月爾東濵大江嶓冢內方襄水夢水沔水自西寫入脇於湖以歸墟江大別從而衆恩之湖矣河

矣江矣柳堤一髮三瀆如弁洵哉大別以茲名山匪諛也山麓多家者云鐵門關江水尼麓山之大別抑從江分域然鵲裳而登則有閣唐以後詩人補之曰晴川閣閣從晴川晴川從詩鶴樓拱峙漢城睥睨月焉樹焉湖一影江一影河一影司直詩未及此詩以晴川則閣以晴川已從晴川而益詩之益閣之是在後之登斯閣者

予以明日官武昌先爲斯閣留一日詩閣章四

詩閣外章十

廣野晴嵐畫閣雄白雲黃鶴大江東崔巍南
國雙城闕自在中流五兩風春市酒旗楊柳
外夕陽歌扇藕花叢舳艫夏口空如錦瑜亮
生平憾未窮

湖抱青山水抱沙酒入日日醉黃花江關地

接黿鼉窟雲夢波連星漢槎好客喜從雙鶴
至清風不用一錢賒神州到此稱都會烟樹
迷離百萬家
鴻水遥波天比鄰吳歈郢曲漢城陰雞鳴錦
甸金銀氣虹抱長堤埜館春烟雨一颿麋子
國桃花千樹息夫人江湖日夜觀元化不是
神魚莫問津

高閣憑虛攬翠微江鷗江柳繞漁磯曾山月照入千里鎖穴龍眠雲四圍客散苔陰留屐齒花飛城曲媚車旂直今湖上郎官酒誰向青蓮賦醉歸 右晴川閣四首

天連嶓冢青霞遠水下岷山雪浪多一自包茅常入貢直今千載不揚波 江漢朝宗

山閣憑虛竹栢稀野田水滿稻花肥詩入不

識循行意猶覓垂楊補釣磯　晴川春樹

官柳青青拂石苔江城兩岸畫屏開夕陽渡口橈歌響細雨輕帆載鶴來　漢陽古渡

内方東盡接晴巒溪鳥晴雲共往還唯有漁歌最清徹櫓聲宛轉到山間　大别晴嵐

北郭山横漢水濵女牆官閣一時新登臨莫漫懷秋興日日絃歌總是春　鳳山秋興

石燕斜飛麥葉開山城卄雨徧春垓江湖不
敢傒神運盡是臣心濡洽來 江城烟雨
凉颸吹醉白蘋秋江上伊人獨倚樓此夜怕
聞新到鴈丁寧切莫下芳洲 白沙蘆影
新綠初垂百感生關橋目斷故人情春風馬
上黃鸝語疑是蘇堤踏月行 堤柳風清
別山坡下鏡湖清買棹同游却月城試問往

來江漢客爭如魚鳥足閒情月湖舟泛
湖山四帀結精藍蓮子花開香一龕薄暮鐘
聲隨鳥渡孤舟客夢到江南興國遠鐘右漢陽十景
齊諧志怪越絕志勝以此記方之書家所謂
非慽臣無二王法但慽二王無臣法耳四律
十絕大雅元音豈嘈呟細響亦曾
序記佳處毎以一字攝入千百語又能以千

百語開人一語遂止之法詩篇奇麗非濟南膚語所可仿佛絕句神韻無盡齒有餘甘可謂無美不臻（且菴）

食貨志三都賦剪錦裁璧而擅天孫寶母之奇漢口於斯成名矣（湘北）

漢陽詩早從諸君選本見之但未見仝之序爾序如考工而不同其質如水經而不同其

巧如唐人而不同其纖蓋公之力自爲其文
者也食貨一段恐史遷亦無此文字況班范
乎　次寅
竟可作一篇楚都風俗志然古駁離奇聱牙
佶倔殷盤周誥以後我目中罕見此奇書　亦魯
又許

史

八十二

黃鶴樓

漢口東渡大江爲武昌會城熊楚分周孫吳分漢有伯王之遺烈焉三湘七澤星羅蝌帀朱鳥聳於前嵩廬翼而殿之厥土麗勁厥水濟浤厥草疏達是以生齒潤於智而靈於貌工倕之制一如其地如其人黃鶴樓矗矗抑巨觀矣洞開八牕翬飛雉聳波天下上大陸若失然甃不碧

堊不雕冏不繪垣曼不花香寂不幢渾渾恢宊蓋以氣象豪舉耳適楚者弔大王之雄風甫入國門而樓先招之一縱目焉不啻閬風緤馬抗鰲背以挹天河僅云氣吞八九巳哉樓下有太白堂石鏡亭仙棗亭游屐往來亡閡余以下車次日登樓最上層起居黃鶴書八詩

巍樓鵠立白雲邊飛柱層阿日月懸燈火萬

家江漢市烟波千里洞庭船羣峰矗矗山如
笑芳草油油春可憐南燕北鴻頻極目揪杯
一嘯儼登仙
華簵天開古鄂州振衣千仞獨登樓車書王
會輪蹄盛風雨山城旌旆愁水導中原分大
別鶴飛絕頂即丹丘孫吳事業東流盡垂柳
年年空白頭

千盤石嶺接紅封地拆荊揚王氣鍾大麓雲
深眠虎豹長江春暖變魚龍移牀月下遲殿
浩把酒風前問李邕更欲片帆乘巨浪題詩
南岳最高峰
畫角風高城闕哀白雲黃鶴共徘徊夕陽西
下晴川樹石鏡東臨湧月臺江上何人三弄
笛座中有客獨飛盃試看芳草青青處曠代

誰憐鸚鵡才

旭日晴嵐下大荒永江廣陌控扶桑東吳千

里雙蓬鬢炎漢三分一醉鄉石徑鳥呼仙東

吏春風花滿竹雞堂登臨不倦還搔首燕雀

啾啾古岳陽

繡棟嵯峩象緯臨估船鮫客漢城陰天雞雲

半號初日尾雀簷牙空好音問鼎千年周德

在灩川萬里禹功深倚樓肆眺渾無際物外

常留冰雪心

司勳綵筆麗青霄李白無詩屬和寥棨戟雲

中瞻具美鵾鵬天外看扶搖津亭樹老人家

古晴雨春酣野色饒惆悵江湖無限意風流

千載讓漁樵

獨上丹梯問太虛元龍湖海氣難除江東無

我稱誰秀鶴背有人望轉舒野濶水侵雲夢
樹月明船捕武昌魚著菸萬頃碧天遠鐵甕
金沙朝渤墟
八詩雄渾壯麗無次第而有次第樓以氣象
勝詩更以神情精彩足之 湘北
太白擱筆爲司勳也得先生 [illegible] 晴川芳草復
開生面可爲太白吐氣 亦魯

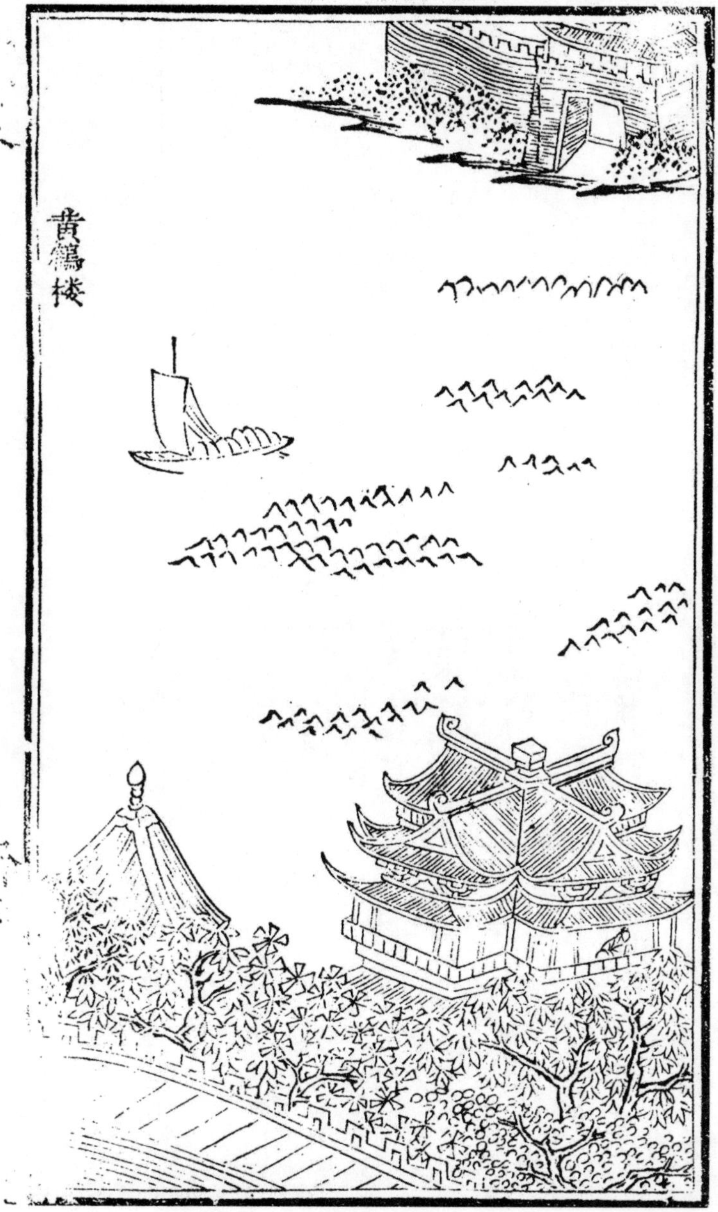
黃鶴樓

跋

古今之鍾情山水者莫如謝康樂然康樂守甌覿面而失鴈宕豈非山水洞壑必有夙緣迺與人遇耶

淑翁夫子曩李吾甌公餘之暇撰杖於玉

龕龍湫振衣於孤嶼二若以及九峯三溪諸
勝蹟遊屐詩筒靡所不到及擢楚所歷名山
大江登臨憑眺興致愈豪意其與山水洞壑
夙緣非偶故搜奇探異移情乃爾歟以視康
樂濟勝過之蠡史一編皆舟次所著者二十

四則中放情伸縮記之歌之銘之近古相襍填
詞閣作可為枕中秘書矣蓋夫子才高而胆壯
神清而韻逸時排虛而僊時寘寂而禪時超舉
而狂時而為劉穆之之五官並用時而為溫庭
筠之八韻立成時而為王參軍之拄頰山前時

而為蘋髯公之放舟江上俯仰古今不屑一切
視天地如螺殼子大耳而一片濟世愛民熱腸
又時〻見於愴懷蒿目閒才人佛骨殆兼萃
於夫子之一身矣曾侍教左右愧閒字之非
譚芭慚及門之鮮郊湜展讀蠡史舌撟然而

不能下也雖然夫子以青蓮自況昔青蓮登落
鴈峯憾不及携謝眺驚人語搔首問青天今其
見蠡史當不知如何叫絕應與夫子把臂大
噱云

鹿城學人鄭應曾亦魯謹跋

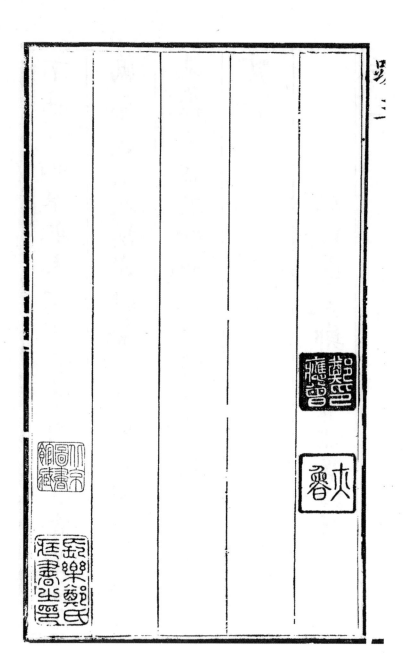

ISBN 978-7-5010-7482-2

9 787501 074822 >

定價：90.00圓